© Valentin Morelle - - Haurine
Édition : BoD · Books on Demand, 31 avenue Saint-Rémy,
57600 Forbach, bod@bod.fr
Impression : Libri Plureos GmbH, Friedensallee 273,
22763 Hamburg (Allemagne)
ISBN : 978-2-3225-5925-1
Dépôt légal : Mars 2025

Valentin Morelle - - Haurine

Mélodie d'une vie silencieuse

SOMMAIRE :

-Poème 5 à 55

-Résolution 56 à 81

-Conclusion 82

Poèmes :

Éclats de lumière

Le bonheur éclot comme un matin clair,
Dans le creux du vent doux, il se laisse faire.
Il danse, invisible, au rythme des heures,
Effleurant nos cœurs de sa simple douceur.

Un rire léger, un regard complice,
Tout l'univers devient soudain propice,
À l'éclat d'un instant, si pur, si sincère,
Où l'âme s'élève, sans poids, dans l'air.

Les couleurs plus vives, le ciel plus grand,
Le monde nous porte, comme un doux courant.
Chaque battement est une mélodie,
Où vibre l'écho d'une folle harmonie.

C'est une lueur qui jamais ne s'éteint,
Même si l'ombre guette au loi
Le bonheur, fragile, mais tenace,
Reste gravé, comme un trésor en place.

Il suffit parfois d'un rien pour l'attiser,
Un sourire, un mot, une brise d'été,
Et tout redevient simple, clair, lumineux,
Dans ce vaste monde, soudain radieux.

Les ailes de demain

L'espoir est une graine dans la terre posée,
Enfouie profondément, mais prête à éclore.
Même quand tout semble sombre et figé,
Il garde en lui une promesse encore.

C'est une lumière douce, jamais intrusive,
Qui guide les pas vers des terres plus vives.
Il pousse à rêver, à croire sans relâche,
Que demain, peut-être, ouvrira une brèche.

L'espoir se nourrit des plus petites choses,
Un sourire, un geste, une fleur qui éclot.
Et quand le cœur s'épuise, s'arrête un instant,
Il suffit d'un souffle pour relancer le vent.

Les liens invisibles

L'amour naît souvent dans un simple regard,
Un lien invisible, un fil d'or qui s'égare.
Il unit deux cœurs dans une danse légère,
Transformant la vie en une aventure sincère.

Il est cette force qui apaise et soulève,
Un murmure doux qui jamais ne s'achève.
Dans les épreuves, il tient ferme, il embrasse,
Chaque douleur devient une promesse.

L'amour est un voyage sans fin,
Il traverse les rires, les pleurs, les matins.
Et même quand il semble loin ou fragile,
Il demeure en nous, puissant, indélébile.

Le calme en soi

La sérénité, c'est comme un lac au matin,
Où rien ne bouge, où tout est serein.
C'est cet instant où le monde ralentit,
Où les soucis semblent soudain loin, petits.

Elle arrive après l'agitation, après le bruit,
Comme une pause offerte après l'orage qui fuit.
C'est ce silence profond qui ne pèse pas,
Qui nous rappelle que tout ira, quoi qu'il adviendra.

La sérénité est un souffle, une paix intérieure,
Elle s'installe doucement, comme une lueur.
Elle nous apprend à savourer le présent,
À écouter le monde, calme, patient.

L'éclat des autres

L'admiration éclot dans le regard posé,
Sur ceux qui brillent, ceux qui sont audacieux.
Elle est ce frisson d'étonnement, léger,
Face à la grandeur de l'autre, silencieux.

C'est reconnaître en l'autre une étincelle,
Un talent, une force, une chose belle.
Elle inspire, pousse à devenir meilleur,
À suivre cet exemple, ce chemin de cœur.

L'admiration ne jalouse pas, elle élève,
Elle nous montre que chacun a son rêve.
Elle est une main tendue, un mot sincère,
Qui pousse à grandir, à devenir lumière.

La soif de savoir

La curiosité est une flamme qui grandit,
Elle brûle en silence, elle éclaire l'esprit.
C'est ce besoin de comprendre, d'explorer,
De voir ce qu'il y a de l'autre côté.

Elle pousse à ouvrir des portes fermées,
À questionner ce que l'on croit figé.
Elle est une force vive, une quête sans fin,
Qui cherche des réponses sur tous les chemins.

La curiosité est ce moteur constant,
Qui fait de chaque jour un apprentissage éclatant.
Elle nous rappelle que le monde est vaste,
Et qu'il y a toujours un mystère qui nous dépasse.

L'élan du cœur

La fierté s'élève, forte et lumineuse,
Quand l'effort est récompensé, grandiose.
Elle est ce sentiment de travail accompli,
Ce regard en arrière, et ce sourire ravi.

Elle naît d'un combat, d'un défi relevé,
D'un chemin tracé malgré les difficultés.
La fierté, c'est sentir que l'on a bien fait,
Que nos actions ont un écho parfait.

Elle est une force, une confiance ancrée,
Qui permet d'avancer avec assurance et clarté.
Mais elle sait aussi rester humble et sincère,
Reconnaissant que l'on progresse toujours, terre après terre.

Le frisson de l'attente

L'excitation est un battement plus fort,
Un souffle court, une énergie qui mord.
C'est ce moment juste avant le saut,
Quand l'inconnu appelle et semble si beau.

Elle fait vibrer le corps, fait courir l'esprit,
Vers ce qui attend, vers ce qui n'est pas dit.
L'excitation est une promesse, un rêve,
Qui pousse à se lancer, à briser ses chaînes brèves.

Elle est cette lumière qui grandit dans l'obscur,
Ce frisson d'envie qui rend tout plus pur.
Et quand elle éclate enfin dans l'instant vécu,
Elle laisse dans l'air un goût d'inattendu.

La douceur d'une promesse

Une promesse, c'est un murmure dans l'air,
Un engagement discret, léger comme une prière.
Elle se glisse entre deux cœurs, invisible,
Et lie sans contrainte, mais rend tout possible.

Dans chaque mot prononcé, il y a un avenir,
Une promesse est une route qu'on commence à bâtir.
Elle ne se brise pas dans le vent du doute,
Car elle est l'ancre qui guide nos routes.

C'est un lien invisible mais puissant,
Elle unit sans chaînes, librement.
Dans la douceur d'une promesse, il y a la foi,
Celle qui nous porte, qui éclaire en soi.

Et même quand les chemins semblent s'éloigner,
La promesse demeure, forte et apaisée.
Elle nous rappelle que l'amour, l'amitié,
Sont ces serments que rien ne peut dévier.

Lumières d'instant

La joie éclate comme un soleil levé,
Dans les rires partagés, elle vient se poser.
Elle se faufile dans les instants perdus,
Un moment simple, soudain rendu plus nu.

Elle colore la vie de teintes dorées,
Transforme les gestes en caresses légères.
Un éclat d'amour dans un regard donné,
Et le monde entier semble fait de lumière.

Elle est éphémère, mais profondément vraie,
Comme une étincelle qu'on garde au fond de soi.
Même quand elle s'évanouit, elle sait,
Que dans chaque cœur, elle renaîtra.

L'émerveillement

Un matin, un ciel rose au-dessus des toits,
Un papillon qui danse, un sourire de soie.
L'émerveillement est cette étincelle d'enfant,
Ce regard pur qui éclaire le présent.

Il suffit d'un rien, d'un rayon de soleil,
Pour que le cœur s'éveille, que l'esprit s'émerveille.
Chaque détail devient un trésor caché,
Chaque instant un moment à savourer.

L'émerveillement, c'est cette pause dans la course,
Ce retour à l'essentiel, cette douce source.
C'est voir dans le monde ce que l'on a oublié,
Que tout est beau, même l'imparfait.

Et quand on se laisse surprendre par la magie,
On découvre que la vie, simple, est infinie.
Car l'émerveillement est le secret retrouvé,
De celui qui sait encore rêver.

Le souffle de l'audace

L'audace naît dans le creux de la peur,
Elle jaillit là où tout semble en frayeur.
C'est ce premier pas vers l'inconnu,
Cette décision folle de tout essayer, même nu.

Elle ne cherche ni gloire, ni récompense,
Elle est une impulsion, une folle insouciance.
L'audace, c'est oser défier le destin,
Croire que, dans l'impossible, il y a un chemin.

Elle nous pousse à grimper des montagnes de feu,
À briser des chaînes que l'on croyait des cieux.
Et même quand le monde semble nous dire "non",
L'audace chuchote doucement "et pourquoi pas, allons".

C'est une flamme vive qui éclaire le cœur,
Elle transforme la crainte en force intérieure.
Et dans son souffle, on trouve la liberté,
De suivre ses rêves, sans jamais se retourner.

La simplicité

Il y a dans un sourire, dans un geste doux,
Toute la beauté que l'on cherche partout.
La simplicité est un refuge, une île,
Où l'on retrouve la paix, loin du futile.

Elle se cache dans les petits riens du jour,
Dans une main tendue, dans un regard d'amour.
Pas besoin de briller, de chercher l'excès,
Dans la simplicité se trouve la vraie beauté.

C'est dans le silence après la tempête,
Dans la lumière douce qui jamais ne s'arrête.
Elle ne demande rien, n'attend pas de retour,
Elle est cette fleur qui éclot, chaque jour.

Et c'est quand on s'y abandonne, pleinement,
Que l'on découvre en soi ce calme apaisant.
Car la simplicité est le chemin le plus pur,
Celui qui mène à un bonheur sûr.

La surprise de l'instant

Un éclat soudain, un moment inattendu,
La vie nous surprend, et tout est suspendu.
L'instant éclate, bouleversant le cours,
Et change à jamais notre trajectoire en un tour.

La surprise est une vague qu'on ne voit pas venir,
Elle renverse tout, nous fait sourire ou frémir.
Elle est ce cadeau caché dans le quotidien,
Qui transforme un simple jour en un destin.

Dans chaque instant, elle peut se glisser,
Révélant un secret, bouleversant la réalité.
Et quand elle frappe, on se retrouve perdu,
Mais dans cette perte, une nouvelle voie est apparue.

Car la surprise est ce qui rend la vie plus vive,
Elle nous rappelle que tout est possible, même l'impulsif.
Et dans chaque battement imprévu,
On trouve une raison de se sentir plus grand, plus ému

La connexion humaine

Dans un regard, un mot échangé,
Il y a une étincelle, un lien créé.
La connexion humaine est ce fil invisible,
Qui nous unit tous, bien que si fragile.

Elle ne s'explique pas, elle se vit,
C'est ce sentiment d'être compris,
Même sans parler, sans geste éclatant,
Elle est là, douce, dans l'instant.

C'est dans la chaleur d'une main tendue,
Dans un sourire offert à l'inconnu.
Elle éclaire le cœur, réchauffe l'âme,
Elle est cette lueur dans les jours de drame.

Et même dans la distance, dans le silence,
La connexion humaine garde sa danse.
Elle est ce qui nous relie, au-delà des mots,
Ce qui fait de chaque rencontre un cadeau.

La gratitude

Il y a des moments où le cœur s'ouvre en silence,
Pour remercier la vie, dans toute son évidence.
La gratitude est ce souffle léger,
Qui nous rappelle que chaque instant est un don caché.

C'est un sourire pour ce que l'on a reçu,
Un regard vers le ciel pour dire « merci » à l'inconnu.
Elle ne demande rien, ne s'impose jamais,
Mais elle grandit, doucement, dans la clarté.

Dans chaque geste simple, dans chaque rencontre,
Il y a une raison d'être reconnaissant, sans honte.
Et quand la gratitude se pose sur nos âmes,
Elle allège nos fardeaux et apaise nos flammes.

Car savoir dire « merci », même dans la douleur,
C'est offrir à la vie un reflet de douceur.
Et dans cette reconnaissance paisible et pure,
On découvre que le bonheur est dans cette allure.

C'est un trésor caché, invisible aux yeux,
Mais qui rend nos cœurs plus lumineux,
Car la gratitude est un pont vers la joie,
Qui nous relie, en silence, à tout ce qui est là.

L'éclat de l'espoir

Dans la nuit la plus sombre, une lumière persiste,
Elle vacille parfois, mais toujours, elle résiste.
L'espoir est ce phare au loin sur la mer,
Qui nous guide même quand tout semble amer.

C'est une promesse que l'on garde en soi,
Un éclat discret qui jamais ne fléchit ou ne se noie.
Quand tout s'effondre, il reste là,
Un souffle d'avenir, un rêve en éclat.

L'espoir est ce fil qu'on ne lâche jamais,
Il se tisse dans nos âmes, jour après jour, à jamais.
Même dans les tempêtes, il nous murmure,
Que demain portera en lui une nouvelle ouverture.

Et quand enfin, l'aube se lève, doucement,
On réalise que c'est l'espoir qui, en nous, attend.
Car tant qu'il est là, rien n'est perdu,
Chaque nuit peut renaître, chaque rêve revivre, imprévu.

L'enchantement

Il y a des instants où tout s'arrête,
Où le monde entier semble parfait.
L'émerveillement, c'est ce moment suspendu,
Où l'on redécouvre la vie comme au tout premier jour.

C'est dans la brillance d'une goutte de rosée,
Dans le vol gracieux d'un oiseau exalté.
C'est ce frisson qui parcourt la peau,
Quand l'inattendu se dévoile, beau et nouveau.

L'émerveillement ne demande pas de raison,
Il naît d'un simple regard, d'une contemplation.
C'est la magie de voir l'ordinaire éclore,
Et de comprendre que la beauté est toujours là, encore.

Et dans ces instants fugaces, précieux,
Nous devenons enfants, les yeux pleins de cieux.
Car l'émerveillement est un retour aux sources,
Une porte ouverte vers l'infini des ressources.

La sérénité

Il y a un endroit en nous, calme et profond,
Où le tumulte du monde n'a plus de raison.
La sérénité, c'est cette mer intérieure,
Un espace de paix, loin du bruit et de la peur.

C'est ce moment où le silence devient doux,
Où l'on cesse de courir, où l'on revient à nous.
Elle ne se trouve ni dans la fuite, ni dans l'oubli,
Mais dans l'acceptation de ce que l'on vit.

La sérénité est comme un souffle apaisé,
Elle s'installe quand tout en nous est aligné.
Elle est cette lumière qui ne brille pas trop fort,
Mais éclaire notre chemin, sans effort.

Dans ses bras, on se repose, enfin complet,
Sans avoir besoin de chercher à être parfait.
Car la sérénité, c'est comprendre que tout est bien,
Que chaque chose a sa place, son temps, son chemin.

La quête du sens

Sous un ciel clair, l'aube doucement s'étire,
Et l'espoir s'éveille, prêt à nous sourire.
Je cherche, mais sans crainte, sans lourds fardeaux,
Car chaque instant est un éclat, un cadeau.

Les chemins devant moi dansent et rayonnent,
L'univers chuchote des promesses qui résonnent.
Dans chaque brise, un secret, une chanson,
Dans chaque pas, la joie d'une nouvelle leçon.

Le monde est vaste, un jardin éclatant,
Où fleurissent les réponses au gré du vent.
Peut-être que le sens n'est pas à trouver,
Mais à créer, à cueillir dans la beauté.

Chaque sourire croisé éclaire ma route,
Chaque rire partagé dissipe le doute.
Le sens de tout cela ? Peut-être est-il ici,
Dans l'instant qui vibre, la magie de la vie.

La quête avance, joyeuse, sans fin,
Elle danse, elle chante, elle prend ma main.
Et dans ce voyage aux mille horizons,
Je trouve le bonheur, ma propre chanson.

L'élan créatif

Tout commence par une étincelle, fugace et discrète,
Un fil de lumière qui dans l'esprit se répète.
Il y a dans l'air un frémissement nouveau,
Comme si le monde attendait que jaillisse un mot.

L'élan créatif prend forme dans le silence,
Il s'éveille lentement, en toute innocence.
Les pensées fusent, s'entrechoquent, se bousculent,
Et chaque idée devient une vague, un module.

On ne sait pas où l'on va, mais on suit ce fil,
Car il y a dans la création un désir subtil.
Peindre, écrire, sculpter des mondes invisibles,
C'est donner forme à l'infini, rendre tout possible.

Les mains qui créent ne connaissent ni fatigue ni heure,
Car elles puisent dans l'âme une profonde chaleur.
Et quand enfin l'œuvre naît sous nos yeux,
On comprend que dans la création réside un peu de Dieu.

Les feux de l'orgueil

L'orgueil est une flamme, éclatant, solitaire,
Un feu qui dans le cœur s'élève haut, fier, amer,
Il brille de mille feux, d'une force absolue,
Mais consume en secret ce qu'il croit défendu.

C'est la voix qui murmure que tout nous appartient,
Que les failles sont vaines, que l'autre est incertain,
Il se pare de gloire et refuse la chute,
Mais cache dans l'éclat des douleurs qu'il élude.

Il est ce masque d'or que l'on porte en sourire,
Ce bouclier brillant qui refuse le pire,
Car l'orgueil craint toujours la faiblesse en écho,
Et fuit l'humble regard qui dévoile le faux.

C'est une fierté froide, un éclat sans chaleur,
Qui rêve d'un sommet, sans sentir la douceur,
De ces mains tendues vers lui, qu'il ne voit jamais,
Trop haut, trop sûr de lui, perdu dans ses reflets.

Mais l'orgueil est fragile, une muraille d'éclats,
Il se brise parfois, sous l'effort ou le glas,
Et laisse dans son sillage, de cendres émiettées,
L'écho d'un cœur trop seul, qui n'a su s'apaiser.

Les ombres douces

La tristesse descend comme une pluie lente,
Elle caresse le cœur, mais rien n'enchante.
Elle remplit les yeux d'un voile profond,
Chaque pas devient lourd, sans horizon.

Elle se glisse dans les silences, discrète,
Peignant les pensées de teintes muettes.
Les souvenirs se teintent de gris pâle,
Et le temps s'étire, infini, égal.

Mais sous la tristesse, une force se cache,
Un espace où les larmes arrosent la terre.
Et quand le ciel s'éclaircit enfin,
On réalise que tout cela nous rend plus humain.

Le feu intérieur

La colère surgit comme une tempête furieuse,
Elle dévore tout, la moindre chose précieuse.
Elle consume les mots avant qu'ils n'éclatent,
Chaque souffle est court, chaque phrase se batte.

Elle grandit vite, un incendie déchaîné,
Qui brûle tout ce qu'il touche, sans pitié.
Elle est un cri qui se noie dans l'écho,
Cherchant à rompre ses chaînes, à briser ses maux.

Mais quand les flammes se calment, la braise survit,
Révélant les blessures d'un cœur en sursis.
Et dans la cendre, naît la compréhension,
Que la colère aussi aspire à l'apaisement.

L'ombre silencieuse

La peur se glisse, invisible dans l'air,
Elle enveloppe l'âme d'un doute amer.
Elle s'insinue dans les moindres recoins,
Transformant chaque souffle en destin incertain.

Elle murmure des questions sans fin,
Elle fait vaciller le cœur, rend le chemin vain.
On hésite, on tremble sous son joug,
Craignant l'invisible, évitant chaque coup.

Mais sous cette ombre, une vérité demeure :
La peur nous révèle notre propre valeur.
Car affronter l'obscur, c'est apprendre à briller,
À traverser la nuit pour mieux se retrouver.

Les silences profonds

La solitude est une mer sans rivage,
Où l'on dérive sans bruit, sans ancrage.
Elle peut être douce, parfois apaisante,
Mais elle devient lourde quand l'âme est errante.

Dans ses silences, on écoute sa propre voix,
Elle nous confronte, elle nous montre nos choix.
On y trouve parfois une paix étrange,
Un refuge calme où rien ne change.

Mais elle porte aussi l'écho du manque,
Ce vide infini, cette absence qui flanche.
La solitude enseigne à se connaître,
À puiser en soi pour mieux renaître.

Le cœur qui s'ouvre

La compassion, c'est tendre une main,
Quand l'autre vacille, tombe, perd son chemin.
C'est ressentir la douleur de l'autre en soi,
Et vouloir, un instant, alléger son fardeau ici-bas.

Elle ne juge pas, elle écoute en silence,
Elle reconnaît dans l'autre sa propre errance.
La compassion est cette chaleur humaine,
Qui réchauffe les cœurs, même dans la peine.

C'est un geste doux, une parole sincère,
Qui redonne de l'espoir dans la lumière.
Elle nous relie, dans nos joies, nos chagrins,
Et nous rappelle que personne n'est vraiment loin.

Le croisement des chemins

Le doute se dresse comme un mur invisible,
Il rend les certitudes presque impossibles.
Il brouille la vue, hésite les pas,
Chaque choix semble le mauvais, chaque route, un trépas.

Mais le doute est aussi une force cachée,
Qui pousse à réfléchir, à mieux peser.
Il questionne, il explore les chemins flous,
Cherchant la vérité, même dans le trouble.

Car c'est en traversant les doutes, les peurs,
Que l'on finit par trouver sa vraie valeur.
Le doute n'est pas l'ennemi, mais un ami voilé,
Qui nous pousse à grandir, à mieux avancer.

Le poids de l'attente

Les secondes défilent, lourdes, interminables,
L'attente est là, immobile, impalpable.
Chaque instant semble s'étirer à l'infini,
Comme si le temps lui-même s'était endormi.

Le cœur bat trop fort dans la poitrine serrée,
L'esprit s'agite, entre espoir et vérité.
Qu'attendons-nous ? Une nouvelle, une réponse,
Une libération ou une absence qui enfonce ?

L'attente a ce pouvoir étrange et sourd,
Elle capture le présent et le rend lourd.
Elle transforme chaque bruit, chaque souffle,
En un écho vibrant, comme un flot qui gonfle.

Et pourtant, dans cet instant suspendu,
Il y a aussi une chance, un espace retenu.
Car attendre, c'est croire qu'un changement viendra,
Que l'instant suivant pourrait tout transformer ici-bas.

Les frissons de l'inconnu

Un souffle étrange sur la peau s'étend,
Le cœur s'agite, bat plus fort, tremblant.
L'esprit vacille, entre crainte et désir,
Car l'inconnu promet autant qu'il inspire.

. C'est une frontière que l'on ne connaît pas,
Un horizon sans fin, un monde qu'on n'effleure pas.
Chaque pas est hésitant, mais rempli d'audace,
Car au bout de ce chemin, il y a l'espace.

L'inconnu, c'est le mystère, la possibilité,
C'est ce rêve flou qui devient réalité.
On ne sait pas ce qu'on trouvera là-bas,
Mais on avance, poussé par une force en soi.

Et dans chaque souffle, chaque moment d'hésitation,
Il y a ce frisson doux, cette excitation.
Parce que c'est en marchant dans l'ombre de l'inconnu,
Que la lumière de nos découvertes apparaît, inattendue.

Le choc du changement

Le changement arrive sans prévenir, brutal,
Il bouleverse tout, transforme le banal.
Ce qui était solide se dissout, se meurt,
Et l'ancien monde s'efface dans la douleur.

Chaque certitude s'effondre en silence,
Comme un château de sable emporté par l'essence.
Le changement est ce vent qui déracine,
Qui pousse au-delà de la ligne fine.

Mais dans ce chaos, une force renaît,
Une nouvelle page que l'on n'attendait.
Le changement est une promesse déguisée,
Un tremblement de terre qui fait pousser l'éveillé.

Il détruit, oui, mais pour tout reconstruire,
Il est cette force qui nous apprend à grandir.
Et quand tout semble perdu, balayé,
Le changement offre un horizon inespéré.

Les secrets gardés

Dans le silence de nos âmes, il y a des secrets,
Des vérités enfouies, bien loin des regrets.
Ils sont ces poids que l'on porte sans mot,
Ces murmures doux qui ne s'échappent qu'à demi-mot.

Les secrets sont comme des coffres fermés,
Protégés des regards, scellés.
Ils sont des promesses que l'on fait à soi-même,
Des ombres qui, parfois, nous retiennent.

Mais chaque secret est aussi une protection,
Un mur invisible dressé par affection.
Ils gardent intacts des parts de notre cœur,
Ils sont des gardiens, parfois, d'une douleur.

Et quand enfin, un jour, le secret s'épanche,
Il libère des chaînes, offre une nouvelle branche.
Car les secrets gardés trop longtemps dans l'ombre,
Finissent par dissoudre ce qui en nous succombe.

La force invisible

Il y a en chacun de nous une puissance voilée,
Un souffle qui grandit dans les heures accablées.
C'est une flamme discrète qui jamais ne faiblit,
Elle reste là, dans l'obscurité, enfouie.

Même quand tout semble perdu, désespéré,
Quand les jours deviennent longs, difficiles à traverser,
Cette force se lève, presque malgré nous,
Elle nous porte, elle nous pousse debout.

C'est la résilience des âmes, silencieuse mais forte,
Qui, même sous les vents contraires, jamais ne porte tort.
Elle ne se montre pas dans l'éclat ou le cri,
Mais dans le geste simple de rester, malgré tout, en vie.
Et cette force, invisible à l'œil étranger,
Est celle qui nous permet de continuer à avancer.
Car elle est l'essence même de l'humanité,
Ce souffle secret, éternel, d'immortalité.

Les déceptions silencieuses

Il y a des rêves qui meurent doucement,
Sans éclat, sans cri, presque calmement.
Ce sont ces espoirs qui s'éteignent en secret,
Des promesses non tenues que l'on tait.

La déception ne fait pas toujours mal d'un coup,
Elle s'installe, discrète, dans un coin flou.
Elle est ce murmure qui nous rappelle,
Que la vie parfois ne suit pas la ritournelle.

Mais dans chaque déception, il y a une leçon,
Une chance de rebondir, une autre direction.
Ce qui s'éteint peut laisser place à un renouveau,
Car après la pluie, revient toujours le beau.

Les déceptions sont des ponts vers l'inattendu,
Elles nous apprennent que rien n'est perdu.
Elles forgent en nous une force tranquille,
Qui nous pousse à réessayer, même fragile.

L'équilibre fragile

Entre deux choix , deux routes incertaines ,
Le cœur balance , l'esprit est en peine
Chaque direction semble porteuse de mystère ,
Et l'équilibre se fait comme sur un fil de fer .
C'est le moment où tout vacille ,
hésite ,
Où la moindre brise pourrait briser la suite .
Mais l'équilibre, fragile et incertain,
Est aussi une danse qui guide nos chemins.
On avance, pas à pas, sans se hâter,
Cherchant en chaque geste la stabilité.

Il y a dans ce moment de doute une force,
Une capacité à naviguer malgré l'écorce.
Même si chaque mouvement semble risqué,
L'équilibre fragile nous apprend à marcher.

Et parfois, dans cette hésitation subtile,
On trouve une paix, un instant tranquille.
Car c'est dans l'incertitude et dans la balance,
Que se cachent souvent nos plus grandes chances.

La vérité crue

La vérité éclate, brutale, sans détour,
Elle renverse tout, éclaire l'amour.
Elle est ce miroir qui ne trompe pas,
Qui montre tout, même ce qu'on n'attendait pas.

Elle blesse parfois, déchire l'illusion,
Mais elle purifie l'âme de ses prisons.
Car la vérité, même dure à entendre,
Est la seule lumière qui jamais ne peut mentir ou se fendre.

Dans ses éclats tranchants, elle nous libère,
Elle ôte les voiles, dévoile le clair.
Et si elle fait mal, elle est aussi guérison,
Elle est l'essence même de toute évolution.

C'est dans cette lumière crue que l'on grandit,
Que l'on voit enfin le monde, sans fard ni déni.
Et quand elle s'impose, froide mais juste,
On comprend que la vérité, c'est l'âme qui s'ajuste.

Les ombres du passé

Le passé nous suit comme une ombre tenace,
Il marque nos pas, nous enlace.
Chaque souvenir est une étoile ou une épine,
Qui éclaire ou blesse, selon qu'on l'imagine.

On porte en soi ces moments gravés,
Des instants qui ne peuvent plus s'effacer.
Ils sont des guides ou des poids lourds,
Mais toujours, ils sont là, pour nous entourer chaque jour.

Le passé, c'est ce livre que l'on ne ferme pas,
Car même refermé, il reste en soi.
Parfois doux, parfois amer, il nous façonne,
Et dans chaque ombre, une lumière résonne.

Mais pour avancer, il faut parfois le laisser,
Déposer le fardeau, continuer à marcher.
Car si l'on vit trop dans le passé enfoui,
On oublie que la vie se vit aujourd'hui.

La fuite du temps

Le temps file, glissant entre nos doigts,
Chaque seconde disparaît, loin de nous, là-bas.
On court après lui, cherchant à le retenir,
Mais le temps, souriant, continue à fuir.

Il est une rivière qu'on ne peut arrêter,
Un souffle éternel qui ne fait que passer.
Chaque instant s'écoule, presque imperceptible,
Et nous laisse derrière, fragiles et sensibles.

Le temps emporte avec lui nos rires, nos larmes,
Nos plus grands moments et nos doux charmes.
Mais dans sa fuite, il y a aussi un don,
Il nous apprend à savourer chaque saison.

Car si le temps est rapide, il nous rappelle,
Que chaque instant est un présent, une étincelle.
Et dans sa course folle, il nous guide doucement,
Vers l'infini de nos souvenirs, sereinement.

La résilience

Dans le creux de la chute, quand tout semble fini,
Il y a cette force, discrète, qui nous défie.
La résilience est ce souffle qui ne meurt jamais,
Elle renaît des cendres, même quand tout est brisé.

Chaque fois que l'on tombe, elle se relève,
Elle nous pousse à continuer, à prendre une nouvelle sève.
Elle est ce murmure profond dans l'âme,
Qui dit, malgré tout, que la vie a une flamme.

On peut plier, mais jamais céder,
La résilience est là, prête à tout affronter.
Et dans chaque coup, dans chaque blessure,
Elle trouve une force, une nouvelle armure.

Elle n'est pas visible, elle n'est pas bruyante,
Mais elle est là, dans l'ombre, confiante.
Car à chaque épreuve, elle forge notre être,
Et nous montre que, quoi qu'il arrive, on peut renaître.

Les souvenirs doux-amers

La nostalgie est ce vent du passé,
Qui souffle doucement, sans crier.
Elle porte avec elle des images floues,
Des visages aimés, des jours doux.

Elle a ce goût sucré et un peu amer,
D'un moment trop bref qu'on aimerait refaire.
Elle fait renaître des rires, des voix,
Des promesses oubliées, laissées là.

Mais la nostalgie n'est pas qu'une douleur,
Elle est aussi une mémoire du bonheur.
Un rappel tendre de ce qui fut beau,
Et qui, malgré tout, continue de vibrer haut.

La nostalgie

La nostalgie vient doucement, comme une brise,
Elle effleure le cœur, nous caresse, nous grise.
Elle porte en elle des éclats d'hier,
Des souvenirs doux, qui flottent dans l'air.

C'est une chanson que l'on a trop souvent entendue,
Un parfum familier qui revient à l'improviste, éperdu.
Elle teinte les moments d'un éclat doré,
Et nous ramène là où nous avons été.

Mais la nostalgie n'est ni douleur, ni regret,
Elle est une mélodie qui jamais ne s'arrête.
Elle rappelle les sourires et les instants partagés,
Ce que le temps emporte, mais que l'âme n'a pas oublié.

Elle est ce lien qui nous unit au passé,
Un fil tissé dans le présent, sans se briser.
Et quand elle nous serre doucement dans ses bras,
On se rappelle que le passé vit toujours en nous,
là.

Éclats de lumière

Le bonheur éclot comme un matin clair,
Dans le creux du vent doux, il se laisse faire.
Il danse, invisible, au rythme des heures,
Effleurant nos cœurs de sa simple douceur.

Un rire léger, un regard complice,
Tout l'univers devient soudain propice,
À l'éclat d'un instant, si pur, si sincère,
Où l'âme s'élève, sans poids, dans l'air.

Les couleurs plus vives, le ciel plus grand,
Le monde nous porte, comme un doux courant.
Chaque battement est une mélodie,
Où vibre l'écho d'une folle harmonie.

C'est une lueur qui jamais ne s'éteint,
Même si l'ombre guette au loin.
Le bonheur, fragile, mais tenace,
Reste gravé, comme un trésor en place.

Il suffit parfois d'un rien pour l'attiser,
Un sourire, un mot, une brise d'été,
Et tout redevient simple, clair, lumineux,
Dans ce vaste monde, soudain radieux.

Le temps qui passe

Il y avait un temps, sous les arbres en été,
Où l'on courait pieds nus, le cœur encore léger.
Le ciel, immense, n'avait pas de limites,
Et nos rêves dansaient comme des comètes sans fuite.

Les vieux bancs de l'école, rayés de nos prénoms,
Racontaient des histoires d'amitié et d'abandon.
Les rires d'hier flottent encore dans l'air,
Mais aujourd'hui, nos pas sont plus lourds, plus amers.

Tu te souviens de ce vélo, rouillé, grinçant,
De ces après-midis où rien n'avait d'importance ?
Les jours semblaient si longs, l'avenir était grand,
Et l'on croyait tous que demain serait une chance.

Maintenant, on regarde les enfants courir,
Leurs éclats de joie résonnent, et sans rien dire,
On retrouve en eux nos rêves un peu flétris,
Des éclats de nous-mêmes, effacés mais repris.

Les rides sont venues doucement sur nos visages,
Des marques de rires, de larmes, et de voyages.
Le cœur se serre, mais parfois il se dilate,
Car dans chaque adieu, il y a une main qui se flatte.

On porte le poids des années comme un fardeau,
Mais aussi comme un trésor, précieux et beau.
Les souvenirs sont doux, parfois teintés de peine,
Mais ils sont la preuve que la vie nous entraîne.

Et à toi, l'enfant qui lit ces mots sans âge,
Sache que la vie est un livre sans cage.
Prends-en chaque page, chaque rire et chaque larme,
Car un jour, toi aussi, tu les regarderas avec charme.

Les pas de l'amour

L'amour s'invite, tendre et secret,
Comme une lumière aux pas feutrés,
Il souffle aux cœurs des mots légers,
Des promesses douces, à peine murmurées.

Dans le regard, un éclat dansant,
Les mains qui s'effleurent doucement,
Chaque sourire devient chemin,
Où l'autre est tout, où l'autre est rien.

Il grandit, s'enroule, et nous prend,
Comme une vague, il bat le sang,
Parfois brûlant, parfois fragile,
Il est silence, il est indocile.

L'amour, c'est un feu qui consume
Et qui apaise, une vaste brume,
Où l'on se perd, où l'on se trouve,
Où chaque souffle de vie s'éprouve.

Le fardeau de l'intérieur

Dans le miroir des nuits sans fin,
L'ombre se glisse, elle murmure :
"Tes pas sont lourds de ce chemin,
De la faute née d'une blessure."

Chaque regard me pèse encore,
Chaque mot prononcé résonne,
Je porte en moi ce poids sonore,
Ce souvenir qui m'emprisonne.

Le cœur s'accuse, sans pardon,
Cherche un abri, une raison,
Mais le temps n'efface pas toujours,
Ce que la culpabilité enflamme un jour.

Je porte ce fardeau en silence,
Espérant une délivrance,
Mais seul l'apaisement du cœur
Saura guérir de cette erreur.

Rappelle-toi

Rappelle-toi, tu n'es pas ce murmure,
Pas cette ombre qui te dévore,
Ni cette peur qui fait trembler tes murs,
Ton cœur est plus grand, il éclaire encore.

Ne laisse plus le doute t'enchaîner,
Ton chemin n'est pas tracé d'avance,
Tu portes en toi assez de clarté,
Pour marcher droit, avec confiance.

Crois en chaque pas, même fragile,
Chaque échec est une leçon,
Et dans le silence, sois docile
À la force qui t'offre son nom.

Écoute-toi, plus fort que les cris,
De ceux qui te feraient douter,
Tu connais déjà l'harmonie
Qui te mène où tu veux aller.

Reconstruis avec patience

Reconstruis avec patience, prends le temps,
Ne précipite rien dans ce tumulte,
Chaque pierre posée, chaque instant,
Est une victoire, une force qui exulte.

Ne refais pas l'erreur de fuir,
Face à tes peurs, n'aie plus honte,
Chaque chute peut te servir,
À bâtir un toi qui compte.

Souviens-toi de ces jours d'effondrement,
Quand tout semblait s'effacer,
Tu es plus fort que ce sentiment,
Et capable de recommencer.

Ne brûle pas les ponts derrière toi,
Mais apprends des routes passées,
Reconstruis lentement, avec foi,
Et garde en tête ta vérité.

L'Alchimie du Renouveau

Sous les débris de mes anciens rêves,
Là où s'effondre l'écho de mes douleurs,
Je reconstruis chaque pierre, chaque trêve,
Et rallume la lueur dans mon cœur.

Des fissures naissent des fleurs discrètes,
Arrosées par les larmes oubliées.
À chaque pas, plus légères sont mes défaites,
Et mon âme se réapprend à danser.

Je façonne le temps avec patience,
Sur l'éclat d'un souffle retrouvé.
Dans le silence, je sème ma résilience,
Et mon être, enfin, renaît.

Renaître de soi

À travers les cendres de mes nuits,
Je tisse des rêves, des jours inédits,
Fragment par fragment, je recouds l'âme,
Forçant l'éclat là où brûlait la flamme.

Chaque pas vacillant refait surface,
Dans le silence, je trouve ma place,
Et de mes doutes, naît un chemin,
Reconstruire, c'est renaître enfin.

Les chemins de la renaissance

Rebâtir sur les ruines d'hier,
Sous les cendres, un souffle clair,
Le cœur brisé, mais le pas fier,
Chaque pierre posée, une prière.

Dans les éclats du passé défait,
On tisse un rêve qu'on recrée,
L'espoir renaît, fragile, parfait,
Et dans nos mains, la paix refait.

Reconstruction, lente et douce,
Comme la rosée sur la mousse,
Un chemin neuf sous le ciel lourd,
Qui guide nos pas vers le jour.

Métamorphose Silencieuse

Dans le creux de mes ombres anciennes,
Je dénoue les nœuds d'un passé brisé.
Chaque cicatrice devient une chaîne
Que je transforme en force apprivoisée.

Le vent du doute effleure mes veines,
Mais je marche, fidèle à mes éclats.
Sous la cendre de mes peines,
Une lumière douce reprend ses droits.

Je bâtis sur les ruines de l'errance,
Patiente comme l'aube qui renaît.
Dans l'immensité du silence,
Je me retrouve, et je me recrée.

Résolution

Le monde crie, il te submerge parfois,
Mais en toi, il y a une voix,
Une vérité cachée sous le bruit,
Que tu n'entends que lorsque tout s'enfuit.

Apprends à écouter ton cœur en secret,
Il te parle doucement, il sait.
Dans le silence de l'esprit apaisé,
Tu trouveras les réponses que tu cherchais.

Quand le tumulte t'envahit et t'étouffe,
Prends une pause, laisse-toi en souffler.
Ferme les yeux et sens le vent,
Inspire profondément, l'air est apaisant.

Laisse ton souffle réguler tes pensées,
Chaque respiration est un pas vers la paix.
Au rythme de l'air, ton esprit se libère,
Et tout le chaos devient plus léger à faire.

Il y a des poids qu'il est inutile de porter,
Des fardeaux invisibles qu'il faut laisser tomber.
Ne laisse pas la peur de l'inconnu te retenir,
Lâche prise, laisse les chaînes se défaire, et respire.

Parfois, la sagesse réside dans le vide,
Dans le fait de tout lâcher, sans se cacher.
C'est ainsi que naît la liberté,
Un espace pour toi, une paix retrouvée.

Parfois, la sagesse réside dans le vide,
Dans le fait de tout lâcher, sans se cacher.
C'est ainsi que naît la liberté,
Un espace pour toi, une paix retrouvée.

La gratitude transforme la souffrance en lumière,
Elle t'ouvre les yeux sur un monde plus clair.
Quand tu te sens perdu ou découragé,
Rappelle-toi de toutes les choses que tu as aimées.

Quand la solitude te pèse,
Et que le monde semble trop vaste,
N'aie pas peur de tendre la main,
L'autre, tout comme toi, cherche ce chemin.

Les connexions sont fragiles mais puissantes,
Un sourire, une parole, un geste,
Peu importe la forme qu'elles prennent,
Elles sont essentielles pour nourrir l'âme.

L'angoisse ne doit pas devenir ta compagne,
Elle n'est qu'une ombre, un feu qui s'éteint.
Apprends à l'observer sans qu'elle te brûle,
Et tu verras, elle finira par se dissoudre.

Prends du recul, respire profondément,
Le souffle calme et l'esprit apaisé,
L'angoisse, si tu lui donnes trop d'importance,
Se nourrit de ton esprit, mais disparaît en silence.

Ne laisse pas la comparaison voler ton essence,
Chacun a son propre rythme, son propre silence.
Ce que les autres vivent n'est pas ta réalité,
Ce que tu vis est un chemin à aimer.

Il n'y a pas de course, juste un voyage,
Le seul objectif est d'être toi, sans mirage.
La vérité que tu portes en toi est pure,
Ne laisse pas le monde te la rendre plus obscure.

Les erreurs ne sont pas des échecs, mais des leçons,
Des étapes vers une meilleure version.
N'aie pas peur d'échouer, ni de tomber,
Car à chaque chute, tu peux te relever.

L'apprentissage vient du courage d'essayer,
Même quand la route est semée d'obstacles.
Ce qui compte, c'est d'avancer malgré tout,
Et d'apprendre à te pardonner, toi le plus doux.

Quand tu te sens noyé dans la fatigue,
Sache qu'il est normal de vouloir faire une pause.
L'esprit a besoin de respirer, de se reposer,
Tu n'es pas un robot, ni une machine programmée.

Accepte tes limites, ne les vois pas comme une défaite,
Le repos n'est pas une faiblesse, mais une nécessité.
Tu seras plus fort, plus clair, plus vivant,
Après avoir permis à ton âme de se détendre, lentement.

La colère est une flamme qui brûle en toi,
Mais elle peut aussi te guider si tu l'entends.
Ne la laisse pas consumer ton esprit,
Mais utilise-la pour poser des limites, sans répit.

Exprime ce que tu ressens, sans haine ni malice,
La colère peut être une force, une précieuse malice.
Transforme-la en énergie pour avancer,
Et crée la paix dans ton cœur de toute beauté.

Rappelle-toi que tu es bien plus que tes pensées,
Elles viennent et s'en vont, comme les vagues dans la mer.
Ne t'identifie pas à elles, elles ne sont que des invités,
Qui apparaissent et disparaissent sans crier gare.

Prends du recul, regarde-les défiler,
Tu n'es pas tes pensées, tu es l'observateur.
Laisse-les passer, sans t'en saisir,
Et tu verras, ta paix renaîtra, plus douce à sentir.

Prends soin de toi, comme tu prendrais soin d'un ami,
Ne sois pas ton propre ennemi.
Accorde-toi la gentillesse et la patience,
Tu mérites douceur, amour, et silence.

N'attends pas que les autres te le donnent,
Commence par te donner ce que tu attends.
Ta relation avec toi est la plus sacrée,
Fais-en un havre de paix, et laisse-toi aimer.

La solitude n'est pas ton ennemie,
Elle est parfois ton alliée, ton amie.
Ne la crains pas, elle peut être guérison,
Un espace pour retrouver ton cœur, ton horizon.

Dans le calme, tu peux entendre ta voix,
Découvrir ce que tu désires, ce que tu crois.
La solitude peut devenir ton refuge,
Un endroit où tu te retrouves et reprends le courage.

Sache que chaque jour est une nouvelle chance,
Pour recommencer, pour changer de danse.
Ne reste pas figé dans le passé,
Le présent est une page blanche, prête à te parler.

Il n'est jamais trop tard pour commencer,
Ni trop tôt pour rêver, pour avancer.
Ouvre ton cœur et prends ce chemin,
Tout commence ici, tout commence maintenant.

Ne sois pas dur avec toi-même,
Car tu es humain, avec tes faiblesses et tes rêves.
La perfection n'est qu'un mirage,
Ce qui compte, c'est ton courage.

Laisse tomber les attentes irréalistes,
C'est dans l'imperfection que tu brilles, tu insistes.
Sois gentil avec toi-même chaque jour,
Car tu es une étoile, même sans le détour.

Il n'est pas honteux de demander de l'aide,
Les forces grandissent quand elles sont partagées.
L'isolement ne fait que renforcer la douleur,
Ouvre ton cœur, trouve des bras qui apportent chaleur.

C'est dans la vulnérabilité que l'on trouve la vraie force,
Ne crains pas de laisser les autres voir tes faiblesses.
Les amis, les proches, ceux qui t'entourent,
Sont là pour te soutenir, pour combler les failles et les lourdes heures.

La perfection n'existe pas, ne te force pas à courir,
Ni à être celui que les autres veulent te voir devenir.
Sois ce que tu es, sans jugement, sans masque,
La beauté réside dans les imperfections que tu caches.

Accueille tes défauts, tes erreurs, tes hésitations,
Car dans chaque imperfection se trouve une leçon.
Ne cherche pas à plaire à tous, cela te fatigue,
Cherche plutôt à être vrai, sans aucune intrigue.

Lorsque la colère bouillonne en toi,
Prends un moment pour respirer et voir au-delà.
La colère n'est pas un ennemi, mais une émotion à comprendre,
Elle peut te guider, t'enseigner, sans jamais te rendre.

La clé est d'observer sans réagir,
D'apprendre à respirer avant de repartir.
Exprime-la avec calme, avec clarté,
Et tu verras que la paix viendra t'entourer.

Ne laisse pas la honte te définir,
Elle ne fait qu'éteindre la lumière que tu portes en toi.
Apprends à te pardonner pour ce passé qui t'entrave,
Car sans pardon, tu restes prisonnier, dans une cave.

Les erreurs sont des maîtres déguisés,
Les cicatrices, des souvenirs qui ne peuvent être effacés.
Ce n'est pas la honte qui t'ouvre la voie,
Mais l'amour de soi qui te mène vers la joie.

La tristesse fait partie de la vie,
Mais elle n'est pas ta destinée, ni ta survie.
Accueille-la comme une visite passagère,
Un nuage qui obscurcit, mais qui finit par se faire lumière.

Ne fuis pas la tristesse, mais laisse-la enseigner,
Elle te montre ce qui manque, ce qui doit être aimé.
Et quand elle part, elle laisse la place à la clarté,
Un espace pour la joie, pour la réalité retrouvée.

Il y a de la beauté dans les petites choses,
Un sourire, un moment, une rose.
Apprends à observer les détails du quotidien,
Car dans chaque instant, il y a un chemin.

Ne cherche pas la grandeur dans les grandes victoires,
Les plus beaux trésors sont dans les petites histoires.
Souris à la vie, même quand elle te semble lourde,
Les petites joies feront éclore ta lumière, profonde.

Rappelle-toi que le temps est ton allié,
Ne le précipite pas, ne le laisse pas t'échapper.
Les choses arrivent en leur temps, à leur rythme,
Et parfois, il faut s'arrêter, et juste vivre le sublime.

Le monde ne se mesure pas en vitesse, mais en qualité,
Ne laisse pas les autres te pousser dans la précipité.
Prends le temps de respirer, de voir, d'aimer,
C'est dans le calme que tu te trouves, tu peux t'apaiser.

Tu n'as pas à tout comprendre, ni tout contrôler,
Accepte l'incertitude, c'est dans l'inconnu qu'on est né.
La vie est un voyage, pas un chemin tout tracé,
Tu dois t'abandonner à ce qui ne peut être figé.

C'est dans l'imprévu que naissent les plus grandes leçons,
C'est là que tu apprends la résilience, l'adaptation.
Ne cherche pas à maîtriser chaque seconde,
Laisse la vie te guider, et fais confiance au monde.

Les autres ne peuvent pas remplir ton vide intérieur,
C'est à toi de remplir ton cœur de douceur.
Ne cherche pas la validation, ni l'approbation,
Car la paix intérieure ne se trouve pas dans l'approbation.

Cherche dans ton propre reflet la beauté,
Dans l'amour que tu te portes, dans la clarté.
Le regard extérieur est fugace, souvent erroné,
Le seul regard qui compte est celui que tu te donnes, empli de vérité.

Quand la douleur devient trop intense,
Fais une pause, laisse-toi le temps d'une danse.
Le mouvement libère ce qui est lourd,
Chaque geste doux allège ton cœur en détresse.

Danse avec tes émotions, ne les combats pas,
Exprime-les, fais-le pour toi, sans trébucher.
Ton corps est un temple, il sait comment guérir,
Laisse-le se libérer, laisse-le s'élancer dans le pire.

Accepte les moments de faiblesse,
Car ils sont les tremplins de la sagesse.
C'est dans le creux de la vague que tu apprends à nager,
C'est en étant vulnérable que tu peux vraiment aimer.

Ne crains pas d'être fragile, car cela n'est pas ta fin,
La force vient de la douceur, du calme, du matin.
Tu as tout ce qu'il te faut pour te reconstruire,
Laisse les morceaux se réunir et les blessures se guérir.

Les rires sont des remèdes, de véritables guérisseurs,
Ne laisse pas la tristesse t'emprisonner dans sa douleur.
Cherche la joie dans les petites choses simples,
Un rire partagé, un regard complice, une pensée qui brille.

Fais de l'humour ton allié dans les moments sombres,
Il a ce pouvoir de dissiper les nuages, d'éclairer les ombres.
Le rire n'efface pas tout, mais il rend la vie plus douce,
Et dans sa légèreté, il devient une véritable boussole.

Si tu veux avancer, commence par t'arrêter,
Regarde autour de toi, et tout ce que tu as oublié.
Ne te perds pas dans la course, dans l'agitation,
L'essentiel réside dans la contemplation.

Un moment de silence, de calme, de réflexion,
Te guidera plus loin qu'une folle direction.
Dans le présent, tu peux tout réinventer,
Ne laisse pas ton esprit s'échapper dans l'anxiété.

Accepte tes émotions, ne les réprime pas,
Elles ne sont pas ton ennemi, elles sont là pour toi.
La tristesse, la colère, la joie, toutes sont valables,
Chacune a un message, chacune est admirable.

Accueille-les sans jugement, sans peur,
Elles viennent pour te montrer une lueur.
En les comprenant, tu te libères enfin,
De tout ce qui te retient, et tu avances serein.

Il n'y a pas de honte à se relever après une chute,
C'est là que réside le courage, dans chaque lutte.
Ne sois pas trop dur avec toi-même,
Car tu fais de ton mieux, malgré le dilemme.

La vie ne te demande pas la perfection,
Elle cherche juste ta vraie connexion.
Sois doux avec toi, fais-toi confiance,
Et chaque pas, même hésitant, sera une danse.

Il y a de la lumière en toi, même dans la nuit,
Ne doute pas, elle brillera, c'est ainsi.
Les moments sombres ne sont pas permanents,
Ils passent, et te laissent un cœur plus grand.

Ne laisse pas la peur t'empêcher de briller,
Tu es plus fort que tu ne peux l'imaginer.
Ouvre les yeux, respire profondément,
Et vois la lumière qui te guide constamment.

Tu as traversé des tempêtes, tu as vu les vagues,
Mais maintenant, tu reconstruis les morceaux avec courage.
Chaque débris est une leçon, chaque cicatrice une clé,
Pour comprendre qui tu es, pour te réinventer.

Laisse tomber les ruines du passé,
Ce n'est plus ton fardeau à porter.
Reconstruire, c'est renaître à chaque instant,
Bâtir sur des fondations solides, lentement.

Ta douleur est la matière de ta force,
De tes erreurs, tu forges de l'espoir.
Reviens à toi, pièce par pièce,
Et laisse l'amour grandir dans chaque geste.

Il ne faut pas avoir peur des fissures,
Ce sont elles qui laissent passer la lumière.
Reconstruire demande du temps, mais surtout,
Un cœur prêt à s'aimer de nouveau.

La souffrance t'a laissé un goût amer,
Mais n'oublie pas, elle t'a forgé, elle t'a appris.
Chaque étape de la reconstruction te rend plus fort,
Car en toi, il y a toujours un feu qui éclaire l'aurore.

Ce n'est pas un chemin facile, mais il est tien,
Chaque jour, tu as l'occasion de choisir.
Reconstruire c'est bâtir une vie sans regret,
Et regarder l'avenir avec des yeux renouvelés.

Les éclats brisés de ton âme ont laissé place à la lumière,
Chaque fragment retrouvé brille plus fort qu'hier.
Ne crains pas le vide, c'est dans l'espace que tu grandis,
Et dans chaque chute, tu trouves ta liberté.

Ton passé n'est pas ta prison, mais ton tremplin,
Les blessures guérissent, le temps est ton chemin.
Prends chaque morceau éparpillé et fais-en un pont,
Un pont vers ton avenir, vers un nouveau horizon.

Réparer ce qui a été détruit demande patience,
Mais chaque effort fait croître ta résilience.
Ne perds pas espoir, car la reconstruction commence,
Par l'acceptation de ce qui a été, et la foi en ce qui sera.

Le vent qui a soufflé sur toi était fort,
Mais tu as appris à t'ancrer encore et encore.
La terre, même après la tempête, reste fertile,
Et toi aussi, tu peux donner naissance à une vie subtile.

Ne cherche pas la perfection dans la reconstruction,
C'est l'authenticité qui fait toute la distinction.
Les failles que tu perçois sont des portes ouvertes,
Sur un soi plus vrai, plus libre, plus grand.

Chaque jour est un acte de réinvention,
Chaque geste posé un acte de création.
Reconstruire n'est pas réparer ce qui a été,
C'est offrir au monde une version améliorée.

Il est temps d'aimer chaque recoin de ton être,
De ne plus fuir ce qui te rend unique,
Aime tes ombres, tes faiblesses et tes défauts,
Car ce sont eux qui forment ton âme, ton cadeau.

Ne te laisse pas définir par les yeux des autres,
Ton amour pour toi est plus précieux que tout.
L'amour de soi ne dépend de personne,
Il grandit de l'intérieur, fort et serein.

Chaque petite victoire que tu célèbres est un pas vers toi,
Ne les minimise pas, elles construisent qui tu es.
Aime-toi sans condition, sans attentes,
Car tu es digne de l'amour que tu donnes.

Regarde-toi dans le miroir, et sois fier de ce reflet,
Ce que tu vois est un être plein de beauté.
L'amour de soi commence dans l'acceptation,
Et il te guérit chaque jour avec conviction.

Tu es ton plus grand allié, ton meilleur ami,
Aime-toi comme tu aimerais quelqu'un d'autre.
Ton cœur est une source inépuisable de tendresse,
Donne-toi tout ce que tu mérites, sans faiblesse.

Accepte tes imperfections, elles ne te définissent pas,
Elles font de toi un être humain, fragile et fort.
L'amour de soi ne consiste pas à être parfait,
Mais à accepter chaque étape, chaque défaut, chaque secret.

Oublie la recherche incessante de validation,
L'amour de soi ne passe pas par l'approbation.
Sois le centre de ton monde, ton propre phare,
Et tu attireras la lumière sans effort, sans fard.

Les silences que tu t'offres sont des moments d'amour,
Des instants où tu te retrouves, où tu reprends le cours.
Ne cherche pas la perfection dans l'amour extérieur,
Car la plus grande preuve d'amour est celle que tu t'offres à ton cœur.

Aime-toi dans tes faiblesses et tes incertitudes,
Car même fragiles, tu es porteur de grandeur.
Le monde t'apprendra beaucoup, mais toi seul,
Peux apprendre à t'aimer avec douceur.

Il est temps d'accepter la beauté qui vit en toi,
Ne laisse pas la peur ou le doute te faire croire le contraire.
Aime-toi sans réserve, comme un trésor précieux,
Car tu es un cadeau magnifique et radieux.

Ne sois pas ton propre obstacle, mais ton soutien,
Dans l'amour de toi, il n'y a pas de fin.
Chaque pensée positive te rapproche de la paix,
Et chaque sourire que tu te donnes te libère des chaînes.

Ton amour pour toi est ton ancre, ton salut,
Ne laisse personne te dire qu'il est inutile ou vain.
Aime-toi, même dans tes moments sombres,
Car dans l'amour de soi, tu trouves la lumière qui t'inonde.

La communication est le lien qui fortifie,
Exprime tes peurs, tes désirs, sans crainte ni folie.
L'amour ne peut grandir dans le silence,
Les mots ouvrent les cœurs à la confiance.

L'écoute active est une clé précieuse,
Elle montre que tu tiens à l'autre, que tu es là.
Ne parle pas sans entendre, ne donne pas sans écouter,
Dans le respect mutuel, l'amour trouve sa clarté.

Apprends à laisser l'autre être lui-même,
Sans tenter de le changer, ni de le briser.
L'amour est une danse, un équilibre fragile,
Chacun son pas, chacun son style.

Le compromis est l'art de l'amour sincère,
Comprendre que chacun porte ses différences.
Accepter l'autre tel qu'il est, sans vouloir le remodeler,
Voilà le secret pour grandir à deux, main dans la main.

La patience est une vertu dans la relation,
Ne précipite pas les choses, laisse-les venir.
Chaque étape a son temps, chaque amour son rythme,
Apprends à marcher ensemble, pas à pas, sans chiffre.

Ne laisse pas les non-dits empoisonner le lien,
Exprime tes besoins, tes envies, tes chemins.
L'amour se nourrit d'ouverture et de vérité,
Et dans la transparence, la confiance peut régner.

Rappelle-toi que l'amour ne se résume pas à des gestes,
C'est dans la complicité, le soutien, qu'il se manifeste.
Ne cherche pas toujours à plaire, mais à être authentique,
C'est là que naît l'amour le plus magique.

Les disputes ne sont pas des fins, mais des opportunités,
Pour apprendre, pour grandir, pour se réinventer.
Dans chaque conflit, il y a une occasion de se comprendre,
Et de renforcer le lien, au lieu de se défendre.

Ne laisse pas la routine dévorer la passion,
Faites de chaque moment un espace d'émotion.
Redécouvrez-vous sans cesse, avec tendresse,
L'amour est un voyage, pas un simple consensus.

La confiance se construit lentement, mais sûrement,
Avec des actions qui montrent que tu es présent.
Il faut du temps pour tisser un lien solide,
Mais chaque effort mène à un amour limpide.

Dans une relation, il y a aussi des espaces,
Des moments où l'on se trouve seul, sans menace.
Apprends à donner à l'autre son indépendance,
Car l'amour grandit dans l'équilibre et la danse.

L'amour ne doit pas être exigeant, mais libre,
Respecte l'espace de l'autre, même dans l'intimité.
Ce n'est pas la possession, mais l'union,
Qui permet à l'amour de s'épanouir dans une pure création.

Les silences peuvent être plus éloquents que des mots,
Parfois, l'amour se nourrit d'un simple regard, d'un écho.
Ne cherche pas à remplir chaque instant de bruit,
Car c'est dans le silence que l'amour grandit.

Le pardon est une clé qui déverrouille le cœur,
Libère-toi des rancœurs, des amertumes, des peurs.
Dans le pardon, l'amour trouve son renouveau,
Et il se renforce, toujours plus haut.

Aime sans condition, sans attente, sans calcul,
L'amour est un don, pas une transaction.
Ne cherche pas à remplir des attentes irréalistes,
Laisse l'amour être fluide, pur et optimiste.

Tu es capable de grandes choses, ne sous-estime jamais ta force intérieure.

Chaque jour est une nouvelle opportunité pour grandir et t'épanouir.

Ta persévérance et ta détermination te mèneront loin, continue sur cette voie.

Ton sourire et ton énergie positive illuminent tout autour de toi.

Tu as tout en toi pour surmonter les défis et réaliser tes rêves.

Rappelle-toi que tu es unique, et c'est ce qui fait ta plus grande force.

Conclusion

Peu importe le poids que tu portes, les jours où tout semble s'effondrer, rappelle-toi que chaque épreuve t'enseigne quelque chose. Même dans la douleur, il y a de la force. La vie n'est pas un parcours linéaire, elle est faite de hauts et de bas, de moments où tu perds pied et d'autres où tu retrouves ton souffle. Mais chaque pas, même le plus difficile, te rapproche de la personne que tu es en train de devenir.

Tu n'es pas seul dans tes luttes, même si parfois cela semble être le cas. Chacun traverse son propre désert, mais sache que le vent finit toujours par souffler et faire pousser de nouvelles graines. Parfois, tu ne vois pas les fruits immédiatement, mais ils sont là, invisibles, en train de se préparer dans l'ombre.

Ce que tu vis aujourd'hui ne détermine pas qui tu seras demain. Chaque cicatrice, chaque échec, chaque moment de doute fait partie de ton histoire. Et un jour, quand tu regarderas en arrière, tu verras tout ce que tu as accompli, même quand tu pensais ne plus pouvoir continuer. Ce qui t'a semblé insurmontable devient une partie de toi que tu peux embrasser avec fierté.

Ne baisse jamais les bras. La vie n'est pas un sprint, c'est un voyage. Avance à ton rythme. Le seul échec, c'est de ne pas essayer. Et chaque jour, tu as l'opportunité de recommencer, d'aller plus loin, de briller plus fort. La lumière en toi est plus forte que n'importe quelle ombre. Garde espoir, car tu es plus résilient que tu ne le crois.